À plus ! *Nouvelle édition* Charnières

Klausur- und Klassenarbeitstrainer

mit Audios online AUDIOS online

und Lösungen als Download

Lieber Schüler, liebe Schülerin!

Downloaden der Hörtexte und
der Lösungen unter
www.cornelsen.de/webcodes
mit folgendem Webcode:
APLUS-C-KAT-N

Vokabeltrainer-App

*Verfügbar für: iOS, Android
und Windows Phone*

Cornelsen

À plus! Charnières *Nouvelle édition*
Klausur- und Klassenarbeitstrainer
mit Audios online und Lösungen als Download

im Auftrag des Verlages erarbeitet von
Fidisoa R.-Freytag (Texte), Erik Wagner, Dr. Hanno Werry

und der Redaktion Französisch
Julia Goltz (Projektleitung), Fidisoa R.-Freytag

Illustrationen: Laurent Lalo
Umschlaggestaltung: werkstatt für gebrauchsgrafik, Berlin
Layout und technische Umsetzung: graphitecture book & edition
Tonstudio: Clarity, Berlin

Umschlagfotos: © F1online / AGE / Jerónimo Alba (links); © Corbis / Science Photo Library / Ian Hooton (rechts)

www.cornelsen.de

1. Auflage, 1. Druck 2017

Druck: Parzeller print & media GmbH & Co. KG, Fulda

ISBN 978-3-06-520780-5

PEFC
PEFC/04-31-1308

PEFC zertifiziert
Dieses Produkt stammt aus nachhaltig
bewirtschafteten Wäldern und kontrollierten
Quellen.
www.pefc.de

INHALTSVERZEICHNIS

INHALTSÜBERSICHT DER AUDIOS ZUM DOWNLOAD

Wegweiser durch Ihren Klausur- und Klassenarbeitstrainer

À plus! Charnières Klausur und Klassenarbeitstrainer umfasst die vier *Dossiers* des Schülerbuches.

Dossier	Für jedes *Dossier* finden Sie eine Klausur A und eine Klausur B. Jede Klausur beinhaltet eine Mischung aus Kompetenz- und Sprachtraining.

Klausur A

Hier können Sie das Leseverstehen üben.

Compréhension écrite

Sie finden es schwierig, französische Texte zu lesen und zu verstehen? Auch Leseverstehen ist Übungssache. Im *Dossier A* wird Ihnen ein authentischer literarischer Text angeboten. Hiermit werden Sie die Gelegenheit haben, sowohl Leseverstehen als auch Textanalyse zu üben.

Vocabulaire

Hier können Sie überprüfen, ob Sie mit dem Wortschatz dem jeweiligen *Dossier* vertraut sind.

Grammaire

Hier wiederholen Sie die neuen Grammatikstrukturen.

Production de texte

Hier schreiben Sie Texte auf Französisch, zum Beispiel E-Mails oder Blogs. Im *Dossier A* finden Sie eine Aufgabe zum kreativen Schreiben.

Klausur B

Hier können Sie das Hörverstehen üben.

Compréhension orale

Fallen Ihnen französische Höraufgaben schwer? Hier haben Sie die Möglichkeit zu üben.

Vocabulaire

Hier können Sie überprüfen, ob Sie mit dem Wortschatz dem jeweiligen *Dossier* vertraut sind.

Grammaire

Hier wiederholen Sie die neuen Grammatikstrukturen.

Médiation

Hier üben Sie, Informationen aus deutschen Texten auf Französisch bzw. aus französischen Texten auf Deutsch wiederzugeben.

Qu'est-ce que vous dites?	**Hier können Sie das Sprechen üben.**

Mit einem Partner / einer Partnerin oder auch alleine können Sie die Redemittel der vier *Dossiers* üben. Die französischen Sätze finden Sie in ihrer gesprochenen Fassung als MP3-Daten zum Online Download. So können Sie auch Ihre Aussprache üben.

Barèmes	Schätzen Sie Ihre Leistungen mit Hilfe der Punktetabelle ein.

Sie möchten Ihre Ergebnisse überprüfen? Die Lösungen können Sie sich downloaden. Gehen Sie dazu auf **www.cornelsen.de/webcodes** und geben Sie folgenden Webcode ein: **APLUS-C-KAT-N**. Dort finden Sie auch die Hörtexte abgedruckt.

Viel Erfolg mit Ihrem Klausur- und Klassenarbeitstrainer!

Klausur A

Compréhension écrite | Leseverstehen

– Tu verras, Antoine, un jour, tu traverseras les océans …

Quand on se retrouvait à deux, Grand-père commençait toujours ses phrases ainsi.

– Tu verras, Antoine, un jour, tu traverseras les océans … Je t'emmènerai avec moi, sur mon vieux bateau, et ensemble, nous ferons le tour du monde. Je te ferai découvrir des pays inconnus,
5 des terres sauvages … Tu verras, Antoine, un jour, tu traverseras les océans.

Moi, je n'étais qu'un petit garçon qui buvait ses paroles. Je me voyais déjà, à l'avant du bateau, regardant l'horizon. La mer, c'était toute sa vie. Il avait passé plus de temps sur les océans du globe que sur la terre ferme. Jusqu'à sa retraite[1], l'année dernière. (…)

– Tu verras, Antoine, un jour, tu traverseras les océans …
10 J'y croyais dur comme fer, à la promesse de Grand-père. Dur comme fer. Mais il ne l'a pas tenue. Il est mort brutalement, un soir de tempête[2].

Comme à son habitude, il était allé contempler la mer déchaînée, seul sous son ciré[3]. Offrant son visage à la pluie et au vent, il voulait respirer le parfum de son passé.

Mais ce soir-là, il n'est pas rentré.

15 On l'a retrouvé au port, couché par terre, un sourire de satisfaction sur ses lèvres froides. Le cœur avait lâché.

C'est certainement cause de Grand-père que j'ai cette fascination pour les ports et les bateaux. À cause de Grand-père et de sa promesse non tenue …

J'ai maintenant quatorze ans et j'habite dans la ville du Havre, en Norrmandie. Je suis un ado-
20 lescent comme les autres, avec ses hobbies et ses passions. Sauf que mon passe-temps principal, c'est d'aller me promener sur le port et sur les quais.

(…)

Ce port, c'est comme un monde parallèle. On entend le bruit des machines, les sirènes, les cris des mouettes et le choc des containers. Mais on n'y croise presque personne, comme si toutes ces
25 machines et ces bateaux avaient leur vie propre.

Oui, le port du Havre, c'est mon terrain de jeux à moi. C'est là où j'aime venir me perdre, oublier le collège, les professeurs et les parents. C'est là où j'aimerais tant retrouver mon grand-père.

J'avoue que depuis quelques jours, mes promenades sont aussi rnotivées par une sordide histoire de meurtres[4] dont toute la ville parle. Quatre cadavres de femmes ont été retrouvés sur les
30 cargos[5] d'un diamantaire, et ce mystère m'intrigue[6].

Moi, comme tous les adolescents, le sang[7], le crime, ça m'attire …

Du coup, mes escapades dans le port se font un peu plus tard que d'habitude, à la nuit tombée. Je mets une lampe de poche dans mon sac à dos, une bouteille d'eau, quelques biscuits, je quitte la maison sans me faire repérer par mes parents. Direction le port du Havre!

35 Les endroits que je préfère, ce sont les quais de déchargement des containers. Des centaines et des centaines d'immenses coffres métalliques sont entreposés chaque jour, tandis que d'autres repartent vers de nouvelles destinations, à bord de cargos mystérieux. (…)

Bien sûr, il faut faire attention. Des gardiens, avec leurs chiens, surveillent ces milliers de marchandises entassées. Mais j'ai longuement observé leurs rondes, j'ai noté avec attention leurs
40 horaires ê passage. Je sais à l'avance où ils se trouvent, et à quelle heure. J'adore jouer avec eux. Le danger est une sensation délicieuse. Le risque et l'adrénaline sont comme une drogue. (…)

Extrait de: Visa pour l'inconnu, Maxime Gillio, Cornelsen Verlag 2011, p. 6–13

1 la retraite der Ruhestand – **2 la tempête** der Sturm – **3 le ciré** die Regenjacke – **4 le meurtre** der Mord – **5 le cargo** das Frachtschiff –
6 intriguer qn jdn neugierig machen – **7 le sang** das Blut

1 Cochez les bonnes réponses et justifiez-les à l'aide du texte.

_____/ 30 P.
(15 x 2 P.)

1. Quand Antoine était enfant, son grand-père lui a promis qu'ils feraient ensemble un tour du monde dans son bateau.
   a ☐ vrai   b ☐ faux

   Justification: _____

2. Antoine croyait à la promesse de son grand-père.
   a ☐ vrai   b ☐ faux

   Justification: _____

3. Le grand-père d'Antoine avait une grande expérience des voyages en bateau.
   a ☐ vrai   b ☐ faux

   Justification: _____

4. Avant sa mort, le grand-père a arrêté de voyager en bateau.
   a ☐ vrai   b ☐ faux

   Justification: _____

5. Il a quand même fait le tour du monde en bateau avec Antoine.
   a ☐ vrai   b ☐ faux

   Justification: _____

6. Le grand-père d'Antoine est mort pendant un voyage en bateau.
   a ☐ vrai   b ☐ faux

   Justification: _____

7. Le grand-père d'Antoine est mort d'une mort naturelle.
   a ☐ vrai   b ☐ faux

   Justification: _____

8. Depuis la mort de son grand-père, Antoine a peur des bateaux.
   a ☐ vrai   b ☐ faux

   Justification: _____

9. À 14 ans, Antoine fait souvent des balades sur le port.
   a ☐ vrai   b ☐ faux

   Justification: _____

10. Antoine trouve qu'il y a beaucoup de monde sur le port.
    a ☐ vrai   b ☐ faux

    Justification: _____

11. On a trouvé quatre femmes mortes dans la mer.

a ☐ vrai b ☐ faux

Justification: _____

12. Depuis la découverte des femmes mortes, Antoine va au port tôt le matin.

a ☐ vrai b ☐ faux

Justification: _____

13. Antoine va surtout dans les lieux du port où il y a des containers.

a ☐ vrai b ☐ faux

Justification: _____

_____

14. Antoine sait quand les gardiens passent.

a ☐ vrai b ☐ faux

Justification: _____

15. Antoine fuit les situations dangereuses.

a ☐ vrai b ☐ faux

Justification: _____

2 Résumez l'extrait (▶ *texte, page 5*). ☐____/8 P.

_____

_____

_____

_____

_____

_____

_____

_____

_____

_____

_____

3 a Expliquez brièvement pour chaque phrase …

    a le contexte de la phrase,

    b le moyen stylistique utilisé dans la phrase,

    c ce que la phrase veut dire.

_____/9 P.
(3 × 3 P.)

Exemple: «Moi, je n'étais qu'un petit garçon qui buvait ses paroles.» (ligne 6)

    a Antoine, le narrateur, parle de son enfance. Son grand-père lui avait promis de faire le tour du monde avec lui dans son bateau.

    b Avec les mots «buvait ses paroles», le narrateur décrit à l'aide d'une image comment il réagissait quand son grand-père lui parlait.

    c Le narrateur croyait tout ce que son grand-père lui disait. Le verbe «buvait» veut dire qu'Antoine était sûr que son grand-père disait la vérité, et qu'un jour, ils iraient faire le tour du monde en bateau ensemble.

1. «Ce port, c'est comme un monde parallèle.» (ligne 23)

    a _____

    _____

    _____

    b _____

    _____

    _____

    c _____

    _____

    _____

2. «C'est là où j'aime venir me perdre …» (ligne 26)

    a _____

    _____

    _____

    b _____

    _____

    _____

c _____

_____

_____

3. «J'adore jouer avec eux.» (ligne 40)

    a _____

_____

_____

    b _____

_____

_____

    c _____

_____

_____

b Examinez les sentiments d'Antoine quand ...

_____/12 P.
(2 x 6 P.)

   1. il apprend que son grand-père est mort.

_____

_____

_____

_____

   2. on trouve des cadavres sur le port.

_____

_____

_____

_____

4 Imaginez comment l'histoire continue et racontez-la dans la perspective d'Antoine. Quand vous écrivez, tenez-compte de ce que vous avez appris sur Antoine dans le texte.

a Antoine veut découvrir ce qui se trouve dans les containers.
Qu'est-ce qu'il décide de faire? 6 P.

_____

_____

_____

_____

_____

_____

_____

_____

_____

b Les gardiens découvrent Antoine sur le port. Comment est-ce qu'ils réagissent? 6 P.

_____

_____

_____

_____

_____

_____

_____

_____

_____

_____

c Décrivez les sentiments d'Antoine face à ce qui se passe. 6 P.

_____

_____

_____

_____

_____

_____

_____

_____

_____

Vocabulaire | Wortschatz

_____ / 8 P.
(16 x 0,5 P.)

5 Le portrait d'un personnage
Complétez le tableau.

les informations générales		le caractère	
s'appeler			artig sein
	in Deutschland leben		egoistisch sein
être grand/e		être militant/e	
	Geschwister haben		solidarisch sein
	lange Haare haben		mit jdm/etw. konfrontiert sein
	blaue Augen haben		der/die Versager/in
avoir l'air louche		se la péter	
être en couple			sich von etw. betroffen fühlen

6 Les négations

a Répondez aux questions. Utilisez *ne ... ni ... ni* ou *ni ... ni ... ne* dans vos réponses. _____/3 P.

1. – Est-ce que Melvil et Zoé s'intéressent aux activités de la Maison de la jeunesse?

   – Non, _____.

2. – Nolan, tu as pour but de devenir célèbre et de gagner beaucoup d'argent?

   – Non, _____.

3. – Le RER et le métro passent dans ce quartier de banlieue?

   – Non, _____.

b Répondez aux questions. Utilisez *ne ... aucun/e* dans vos réponses. _____/3 P.

1. – Il reste des billets pour le concert de samedi soir?

   – Non, _____.

2. – Jamal, tu t'engages dans une association de ton quartier?

   – Non, _____.

3. – Théo, ta petite sœur participe aux tâches ménagères?

   – Non, _____.

7 La phrase conditionnelle au passé
Conditionnel passé ou *plus-que-parfait*? **Complétez avec la bonne forme du verbe.** _____/2 P. (4 x 0,5 P.)

1. Si Pierre avait été meilleur en maths et en SVT, il _____ (*faire*) des

   études de médecine.

2. Léa ne se serait pas engagée dans sa cité si elle _____ (*ne pas lire*)

   «Indignez-vous!» de Stéphane Hessel.

3. Les parents de Liam auraient habité dans un autre quartier s'ils _____

   (*ne pas se sentir*) bien dans la banlieue de Lyon.

4. Si Lana n'avait pas été victime de préjugés, elle _____

   (*ne pas devenir*) militante.

Klausur B

Compréhension orale | Hörverstehen

1 Vous allez entendre une interview avec Léo Marceau, un musicien français. Écoutez l'interview et cochez les bonnes réponses.

1. Léo Marceau ...
   - **a** ☐ a 21 ans.
   - **b** ☐ a plus de 21 ans.
   - **c** ☐ aura bientôt 21 ans.

2. À l'âge de 12 ans, Léo rêvait de ...
   - **a** ☐ devenir musicien professionnel.
   - **b** ☐ travailler comme professeur de maths.
   - **c** ☐ s'engager à l'étranger.

3. Dans sa famille, ...
   - **a** ☐ Léo était le seul qui faisait de la musique.
   - **b** ☐ la musique était importante pour tout le monde.
   - **c** ☐ Léo devait apprendre le piano, mais cela ne l'intéressait pas.

4. À la maison, ...
   - **a** ☐ la famille de Léo regardait peu la télé.
   - **b** ☐ on regardait souvent des concerts à la télé.
   - **c** ☐ Léo ne pouvait pas jouer du piano parce que les autres regardaient la télé.

5. Quand il avait 13 ans, Léo a joué pour la première fois ...
   - **a** ☐ ses propres morceaux de musique.
   - **b** ☐ la musique de ses émissions préférées à la télé.
   - **c** ☐ les morceaux de ses musiciens préférés.

6. Après le bac, Léo ...
   - **a** ☐ a vite gagné assez d'argent pour être indépendant.
   - **b** ☐ aurait préféré faire des études pour être avocat.
   - **c** ☐ a travaillé dur pour mieux jouer du piano.

7. Participer à des concours de piano, c'était l'idée ...
   - **a** ☐ de Léo lui-même.
   - **b** ☐ des parents de Léo.
   - **c** ☐ de la prof de piano de Léo.

8. Léo a fait ses premiers concerts dans des grandes salles ...
   - **a** ☐ avant de participer à des concours.
   - **b** ☐ quand il participait à des concours.
   - **c** ☐ après ses concours de piano.

9. Les parents de Léo ...
   - **a** ☐ ne sont toujours pas d'accord avec le métier de leur fils.
   - **b** ☐ ont encouragé Léo à devenir musicien professionnel.
   - **c** ☐ étaient contre le métier de Léo, mais ils l'acceptent maintenant.

10. Aujourd'hui, Léo ...
    - **a** ☐ a de l'amitié pour les gens qui viennent l'écouter en concert.
    - **b** ☐ préfère rester chez lui pour s'occuper seul de sa musique.
    - **c** ☐ veut arrêter de jouer sur scène pour réaliser d'autres rêves.

2 Complétez avec le mot ou l'expression qui convient.

| faculté | s'asseoir | chose | tracts | inacceptable |
| faire des efforts | | association | distribuer | en colocation |

1. Valentin, ne perds pas courage! Tu dois _____ pour réussir.

2. Pour Selim, le racisme est une chose _____. Alors il s'engage dans une

_____ pour laquelle il va _____ des _____.

3. Chaque _____ en son temps! Après leur bac, Benoît et

Élise feront d'abord un grand voyage, et ensuite ils commenceront des

études de langues.

4. Arthur arrive en retard en cours. Il trouve rapidement une place: il va

_____ à côté de son ami Farid.

5. Nina n'habite pas seule. Elle vit _____ avec deux autres étudiantes de

sa _____.

3 La phrase conditionnelle au passé _____/9 P.

a Complétez les phrases. Attention à la forme du verbe! _____/3 P.

1. Si j'avais eu plus de temps ce week-end, _____.

2. Nous ne serions pas partis en France l'année dernière si _____.

3. Je n'aurais jamais appris le français si _____.

b À vous! Formez des phrases conditionnelles au passé. _____/6 P.
(3 x 2 P.)

1. _____

_____

2. _____

_____

3. _____

4 *Laisser faire / Faire faire* ____/3 P.
Laisser ou *faire*? Complétez les phrases.

1. Julie n'a pas le droit d'aller à la fête du lycée. Ses parents ne la _____

   pas sortir le soir.

2. Comme Jeanne a des problèmes en espagnol, sa prof lui _____ faire

   des exercices tous les jours.

3. Les jeunes adorent les sketches d'Omar Sy parce qu'ils les _____ rire.

5 La restriction *ne ... que* ____/4 P.
Complétez les phrases avec les mots donnés et *ne ... que*.

1. Lou ne part pas longtemps en vacances, elle – rester – cinq jours – au bord de la mer

   _____

2. Alexis fait attention à son look, il – mettre – des vêtements à la mode

   _____

3. Le week-end, Lily dort longtemps, elle – se lever – à onze heures – le dimanche

   _____

4. Noé ne sort jamais avec ses amis, il – penser – à ses études

   _____

Médiation | Sprachmittlung ____/24 P.

6 Jona, der die Oberstufe an einem anderen Gymnasium besucht, schreibt Ihnen folgende
Textnachricht:

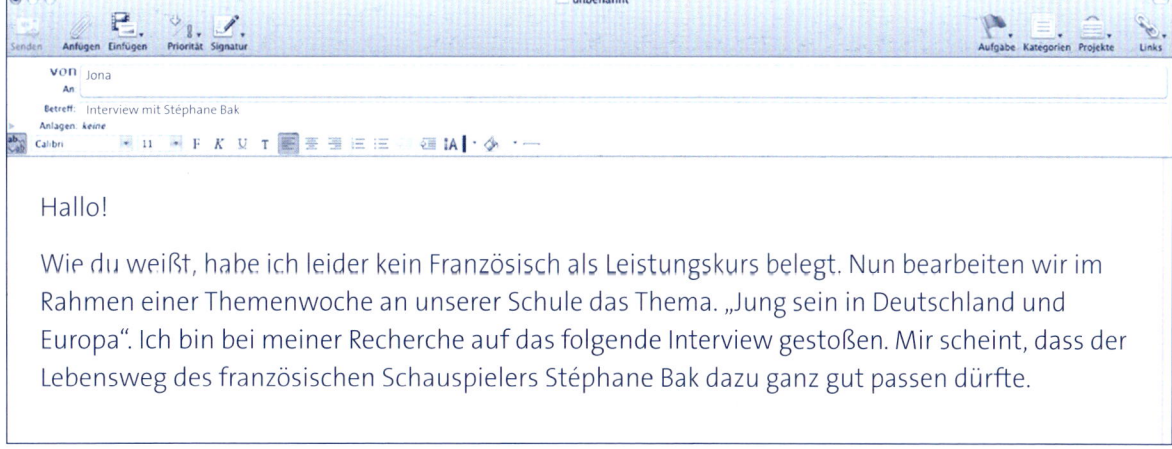

Hallo!

Wie du weißt, habe ich leider kein Französisch als Leistungskurs belegt. Nun bearbeiten wir im
Rahmen einer Themenwoche an unserer Schule das Thema. „Jung sein in Deutschland und
Europa". Ich bin bei meiner Recherche auf das folgende Interview gestoßen. Mir scheint, dass der
Lebensweg des französischen Schauspielers Stéphane Bak dazu ganz gut passen dürfte.

«Je remercie mes profs de français»

Dans «Seuls», Stéphane Bak, 20 ans, joue Dodji, l'un des cinq ados qui se réveillent un matin dans un monde terrifiant. Nous avons remonté le fil de sa carrière, du collège à la scène et au cinéma.

Comment présenterais-tu le film «Seuls» à nos lecteurs?

Stéphane Bak: «Seuls» est le film que j'aurais rêvé de voir quand j'étais adolescent: un film dans la veine de «Hunger Games» ou de «Labyrinthe», mais français. C'est prenant, ça fait peur et ça nous balade visuellement. Quant à Dodji, mon personnage, c'est un mec mystérieux, solitaire, taciturne et très méfiant, mais aussi protecteur, généreux et plus vulnérable qu'il n'y paraît. Il va petit à petit trouver sa place dans cette bande d'ados qui se retrouvent seuls au monde.

Depuis combien de temps rêvais-tu de cinéma?

Stéphane Bak: J'ai toujours eu cette idée dans un coin de ma tête. Je me disais aussi que ce serait compliqué d'y arriver, de faire partie de ce monde. En France, quand on est jeune et noir, on a peu d'acteurs auxquels s'identifier. Bien sûr, il y a Omar Sy et Lucien Jean-Baptiste, mais ils sont très peu nombreux. Il faut plutôt se tourner vers les États-Unis pour en trouver.

Quels films t'ont marqué?

Stéphane Bak: J'ai grandi au Blanc-Mesnil, près de Paris, alors j'ai des codes de banlieue! J'ai adoré «La Haine», de Mathieu Kassovitz et je me souviens avoir eu un choc en voyant «Un prophète», de Jacques Audiard. En classe de 3e, une prof nous avait forcés à aller au cinéma … J'aimais aussi beaucoup les films de gangsters, comme «Les Affranchis», de Martin Scorsese.

Quel type d'ado étais-tu?

Stéphane Bak: Je ne suis pas un exemple. (…) Je n'avais pas compris que la classe, c'était pour apprendre et je venais à l'école avec l'envie de faire rire. Résultat, je me suis fait virer en 3e pour avoir trop perturbé les cours. Malgré cela, les profs m'appréciaient. Ils pensaient que j'avais un potentiel que je gâchais. Et qui sait, peut-être qu'un jour je reprendrais mes études …

Tu as l'air sérieux! Quand s'est produit le déclic?

Stéphane Bak: J'ai rencontré mes passions: la scène et le cinéma. Quand on travaille dans un milieu d'adultes, ça force à être sérieux et régulier pour être à leur niveau. Je me suis instauré une discipline assez naturellement, ce dont j'avais été incapable au collège. Finalement, j'ai quitté une école pour une autre école.

Comment as-tu appris ton métier de comédien?

Stéphane Bak: J'ai débuté le stand-up en autodidacte, puis j'ai pris des cours de théâtre au cours Florent. Ensuite, j'ai passé mes premiers essais au cinéma et ça a marché! «Seuls» est mon premier rôle principal. (…)

Ta famille a-t-elle soutenu ton choix de devenir artiste?

Stéphane Bak: Ça a été très difficile au début. Quand j'ai arrêté l'école, je ne savais pas trop quoi faire. Je me suis dit: autant prendre ces textes que j'écris depuis des années et en faire quelque chose. Mais va expliquer à tes parents que tu quittes tout pour vivre une vie de saltimbanque dans un milieu d'adultes (…) où les perspectives d'avenir sont très incertaines! Je me suis battu pour leur faire accepter. Comme ils ont vu que j'étais sérieux, ils ont décidé de me faire confiance. C'est formidable de les avoir derrière moi.

De quoi parlaient tes textes que tu écrivais ado?

Stéphane Bak: De l'école, de ma perception de la vie … J'écrivais en cours quand je m'ennuyais. Je les ai repris pour la scène et le public a apprécié. J'en profite pour remercier mes professeurs de français. Même si je faisais le pitre dans leurs cours, j'adorais cette matière. Prof, c'est vraiment un métier formidable. Sans eux et sans les bases qu'ils nous donnent, on n'arriverait à rien.

Extrait de: Le Monde des ados, n° 379, Pamela Pianezza, 8 février 2017, p. 32–33

Da Jona nur die Hälfte des Interviews versteht, bittet er Sie darum, die folgenden Fragen zu beantworten.

1. Um welchen Film handelt es sich, in dem Stéphane Bak spielt? Welche Rolle spielt er genau? ☐ 4 P.

_____

_____

_____

_____

2. Wie verlief Stéphane Baks Schulzeit? ☐ 4 P.

_____

_____

_____

3. Wie wurde er Schauspieler? ☐ 4 P.

_____

_____

_____

4. Wie hat Stéphane Bak seine Eltern von seinem Wunsch, Schauspieler zu werden, überzeugt? ☐ 4 P.

_____

_____

5. Wovon handelten die Texte, die er als Jugendlicher in der Schule schrieb? Was passierte mit diesen Texten? ☐ 4 P.

_____

_____

_____

6. Warum ist Stéphane Bak seinen Lehrern dankbar? ☐ 4 P.

_____

_____

Klausur A

_____ / 72 P.

Compréhension écrite | Leseverstehen

Bonjour à tous et bienvenue sur mon blog!

Je m'appelle Sara El Boukhari. Je suis marocaine, et j'habite à Casablanca avec ma famille. Ma passion, c'est la natation. Depuis l'âge de dix ans, je nage dans un club de

5 natation de Casa. J'ai commencé à faire du sport à l'âge de six ans. Mon père voulait que j'aille à un club d'athlétisme, alors j'y suis allée. Mais ça ne m'a pas plu. L'athlétisme, c'est la passion de mon père. Pas la mienne! Au début,

10 il n'était pas d'accord que j'arrête. Mais il en a discuté avec ma mère. À la fin, il a accepté que je fasse de la natation.

Grâce à ce club de natation, j'ai pu participer à un tas de tournois pour les jeunes au Maroc. Mais jamais en France ou dans d'autres pays étrangers. J'ai déjà une belle collection de médailles! J'en suis très fière. Ma famille et mes amis m'appellent «la star de

15 la natation». C'est sympa, non?

Je vais bientôt avoir 16 ans, et l'année prochaine, il faudra que j'aille au lycée. Normalement, j'irai au lycée de mon quartier à Casablanca. C'est pratique, il est près de chez moi. Mais mon rêve, c'est devenir une sportive professionnelle. À mon âge, nager dans un club, ce n'est pas assez pour avoir un bon niveau. Alors je voudrais aller dans un

20 lycée qui propose un enseignement spécial pour les sportifs qui font de la natation. Au Maroc, ce n'est malheureusement pas possible. La seule solution, c'est partir à l'étranger.

Après avoir fait des recherches sur Internet, j'ai trouvé plusieurs adresses intéressantes en France. À Toulouse, par exemple, il y a un lycée «sport-études» dont la spécialité est la natation. Les profs de ce lycée ont une très bonne réputation. Dans ce lycée, je pourrais

25 alors me préparer au bac. Je voudrais passer le bac de sciences économiques, et à Toulouse, ce serait possible. En même temps, j'aurais cinq demi-journées dans la semaine pour m'entraîner. J'aurais donc les meilleures chances pour commencer une carrière professionnelle. En plus, je rencontrerais sûrement des gens de mon âge qui ont la même passion que moi.

30 Mais bon, c'est encore un rêve. Pour le moment, mes parents refusent que je parte en France. Ils ne me font pas confiance. À leur avis, je suis encore une enfant qui ne peut pas décider de son avenir.

Même ma prof de natation ne m'encourage pas vraiment. Elle me dit qu'au Maroc aussi, je peux très bien m'entraîner. À son avis, je n'ai pas besoin d'aller en France. Mais je ne suis

35 pas d'accord. Je veux absolument faire du sport de haut niveau, alors il faut que j'agisse.

Je vais écrire au principal du lycée de Toulouse. Je voudrais lui expliquer ma situation, et il pourra peut-être proposer une solution. Qu'est-ce que vous en pensez?

1 Lisez le blog de Sara. Vrai ou faux? Cochez les bonnes réponses et justifiez-les à l'aide du texte.

1. Sara a commencé à faire de la natation à l'âge de six ans.
   a ☐ vrai   b ☐ faux

   Justification: _____

2. Le père de Sara a d'abord refusé qu'elle arrête l'athlétisme.
   a ☐ vrai   b ☐ faux

   Justification: _____

3. Sara a participé à des tournois dans le monde entier.
   a ☐ vrai   b ☐ faux

   Justification: _____

4. La famille et les amis de Sara admirent son succès en natation.
   a ☐ vrai   b ☐ faux

   Justification: _____

5. L'année prochaine, Sara ira dans un lycée «sport-études» à Casablanca.
   a ☐ vrai   b ☐ faux

   Justification: _____

6. Grâce à Internet, Sara a découvert un lycée «sport-études» en France.
   a ☐ vrai   b ☐ faux

   Justification: _____

7. À Toulouse, Sara pourrait s'entraîner tous les soirs.
   a ☐ vrai   b ☐ faux

   Justification: _____

8. Les parents de Sara soutiennent leur fille dans son projet.
   a ☐ vrai   b ☐ faux

   Justification: _____

9. Sara n'accepte pas l'avis de sa prof marocaine.
   a ☐ vrai   b ☐ faux

   Justification: _____

10. Sara demande à sa prof d'écrire au principal du lycée de Toulouse.
    a ☐ vrai   b ☐ faux

    Justification: _____

2 Analyse d'une séquence de film

a De quel genre de film s'agit-il? Complétez. _____/7 P.

Les genres de film	
1. le drame	
2.	der Dokumentarfilm
3. le film d'action	
4.	die Komödie
5. le film de science-fiction	
6.	der Abenteuerfilm
7. le film d'amour	

b De quel plan s'agit-il? Regardez les dessins et complétez. _____/4 P.

_____   _____   _____   _____

c De quel mouvement de la caméra s'agit-il? Regardez les dessins et complétez. _____/4 P.

_____   _____   _____   _____

3 *après avoir/être* **+ participe passé**
⎣____/5 P.⎦
Racontez ce que Samira a fait hier. Utilisez *après avoir/être* **+ participe passé.**

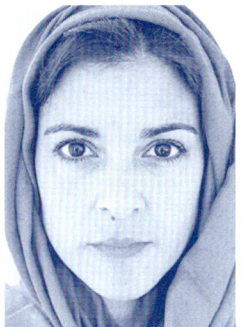

> Hier, je me suis levée tôt, et je suis allée à la plage avec mon chien. Je suis rentrée à la maison, puis j'ai aidé ma mère à préparer le déjeuner. J'ai mangé avec ma famille et ensuite, je suis partie chez mon amie Louna. Nous avons fait nos devoirs ensemble, après nous sommes sorties en ville. Nous nous sommes baladées dans un souk, et puis nous avons pris un thé à la menthe.

1. _____

_____

2. _____

_____

3. _____

_____

4. _____

_____

5. _____

_____

4 *avant de* **+ infinitif /** *sans* **+ infinitif**
⎣____/6 P.⎦
Terminez les phrases. Utilisez *avant de* **+ infinitif et** *sans* **+ infinitif.**

1. Majid a vécu au Maroc _____ .

2. Pendant les vacances, il retrouve ses parents au Maroc. Avec eux, il se promène dans les souks, et

il achète souvent des objets _____ .

3. Aujourd'hui, il est sorti tôt de son bureau, et il a fait les courses _____ .

4. Il a passé une soirée calme _____ .

5. Il a fait la cuisine _____ .

6. _____ , il a écrit un texto à sa copine.

5 Sur Internet, on parle d'un roman marocain dont le titre est «Nos plus beaux jours».
C'est l'histoire d'une rencontre entre deux femmes: Mouna, une danseuse libre et moderne, et
Haja qui n'a pas fait d'études et qui a dû épouser, très jeune, son mari.

Imaginez un dialogue entre Mouna et Haja dans lequel ...
– chacune parle de sa propre vie à l'autre femme, 10 P.
– chacune donne son avis sur la vie de l'autre femme. 10 P.

Avant de commencer le dialogue, précisez le lieu et la situation que vous imaginez pour la
rencontre entre les deux femmes. 6 P.

Klausur B

Compréhension orale | Hörverstehen

Avant l'écoute, regardez le plan. Les noms de rues, de monuments et de lieux vous aident à comprendre le texte.

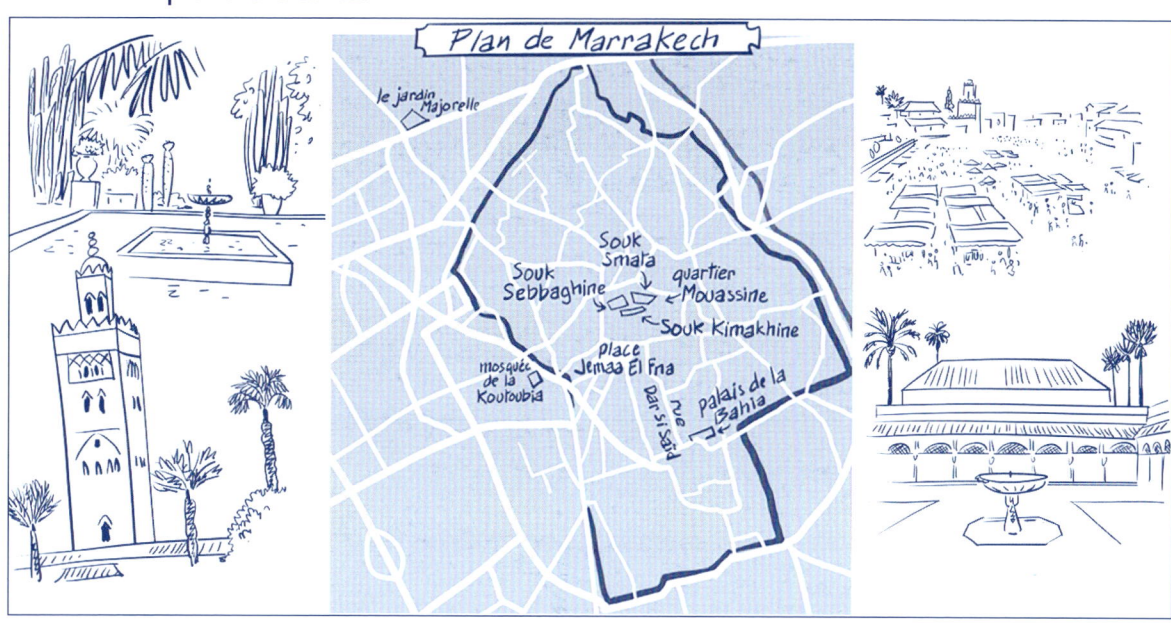

1 Vous visitez Marrakech avec un groupe de touristes. Un guide vous donne des informations. Écoutez-le. Complétez et cochez les bonnes réponses, puis justifiez-les.

1. Environ _____ personnes habitent à Marrakech.

2. Marrakech est la plus grande ville du Maroc.
   a ☐ vrai   **b** ☐ faux

Justification: _____

3. Marrakech est la ville marocaine où il y a le plus de touristes.
   a ☐ vrai   **b** ☐ faux

Justification: _____

4. On appelle Marrakech «la ville rouge» parce que la plupart des maisons sont rouges.
   a ☐ vrai   **b** ☐ faux

Justification: _____

5. Le premier musée de la visite s'appelle «Musée Dar Si Saïd».
   a ☐ vrai   **b** ☐ faux

Justification: _____

6. On peut visiter ce musée du mardi au vendredi.
   a ☐ vrai   **b** ☐ faux

Justification: _____

7. Dans le Palais de la Bahia, il y a _____ chambres.

8. Les fêtes du roi Mohammed VI ont lieu dans le Palais de la Bahia.
   a ☐ vrai   b ☐ faux

   Justification: _____

9. La mosquée de la Koutoubia a une tour de _____ mètres.

10. On a construit la mosquée de la Koutoubia au _____ siècle.

11. Les touristes ont le droit d'entrer dans la mosquée.
    a ☐ vrai   b ☐ faux

    Justification: _____

    _____

12. Les touristes ont le droit d'entrer dans le jardin la mosquée.
    a ☐ vrai   b ☐ faux

    Justification: _____

13. Si on cherche un tapis, le guide propose d'aller au souk Sebbaghine.
    a ☐ vrai   b ☐ faux

    Justification: _____

14. Pour les instruments de musique, il faut plutôt aller au souk Smata.
    a ☐ vrai   b ☐ faux

    Justification: _____

15. Selon le guide, le vendredi est le meilleur jour pour aller au souk.
    a ☐ vrai   b ☐ faux

    Justification: _____

16. Le quartier de Mouassine est le quartier le plus moderne de Marrakech.
    a ☐ vrai   b ☐ faux

    Justification: _____

17. Pour aller au jardin Majorelle, le groupe de touristes va prendre le bus.
    a ☐ vrai   b ☐ faux

    Justification: _____

18. Dans le jardin Majorelle se trouve un musée.
    a ☐ vrai   b ☐ faux

    Justification: _____

2 Au Maroc
Lisez les définitions et complétez.

1. _____ C'est un marché au Maroc dans lequel on

   peut acheter des poteries, des bijoux ou encore des tapis.

2. _____ C'est un vêtement traditionnel marocain.

3. _____ Ce sont des chaussures traditionnelles en

   cuir au Maroc.

4. _____ C'est un endroit où il n'y a pas d'eau, on y trouve des dunes de sable.

5. _____ C'est une longue course à pied.

6. _____ C'est ce qu'on reçoit quand on gagne une course.

7. _____ Donner de l'argent pour quelque chose, par exemple pour un projet.

8. _____ C'est ce qui est composé de beaucoup de couleurs.

3 Les pronoms *y* et *en*
Complétez. Utilisez les pronoms *y* et *en*.

_____/4 P.
(8 x 0,5 P.)

Marcel: Mehdi, quand es-tu rentré du Maroc?

Mehdi: J'_____ suis rentré hier soir.

Marcel: Combien de temps est-ce que tu _____ es resté?

Mehdi: Trois semaines! C'était génial. Et toi? Tu es allé en Bretagne pendant les vacances?

Marcel: Non, je n'_____ suis pas allé cette année. Mes cousins sont venus chez moi

pour les vacances. Ensemble, on _____ a bien profité.

Mehdi: Combien de cousins est-ce que tu as?

Marcel: J'_____ ai deux. Ils s'appellent Noé et Robin. Mais toi aussi, tu les connais!

On est déjà allés au ciné ensemble? Tu t'_____ souviens?

Mehdi: Euh ... Non, je ne m'_____ souviens pas. Tu as une photo?

Marcel: Oui, j'_____ ai même plusieurs. Regarde!

4 Les pronoms possessifs

Lisez les questions. Formulez les réponses avec les pronoms possessifs.

1. **Théa:** Mathilde, c'est ton foulard?

   Mathilde: Oui, c'est _____.

2. **Théa:** Mon hôtel se trouve sur la place Djemaa El Fna. Votre hôtel, Enzo et Mathilde, où est-il?

   Mathilde et Enzo: _____ n'est pas loin de la mosquée.

3. **Théa:** Ma chambre n'est pas très grande. Et comment sont vos chambres?

   Mathilde et Enzo: _____ ne sont pas grandes non plus.

4. **Théa:** Mathilde, tu as encore de la place dans ton sac à dos?

   Mathilde: Non, mais demande à Enzo. _____ est presque vide.

5. **Théa:** Enzo, je n'ai plus de place dans mon sac à dos. Tu veux bien que je mette ma bouteille dans

   _____ ?

   Enzo: Oui, bien sûr!

Médiation | Sprachmittlung

5 Dans un réseau social, vous discutez avec votre correspondant/e français/e sur le Marathon des Sables. Il/Elle veut savoir s'il y a aussi des participants allemands.
Vous faites une recherche sur Internet, et vous trouvez l'article suivant:

Grenzerfahrung in der Wüste: 257 Kilometer bei 45 Grad

Der Hamburger Selcuk Erdönmez startet beim Marathon des Sables in der Sahara. Herausforderungen an die Läufer sind mörderisch.
Hamburg. Mitte März ist er vom Lübecker Hauptbahnhof nach Hause gelaufen, mit seinem neuen Rucksack auf dem Rücken. 61,4 Kilometer waren das bis in seine Wohnung im Stadtteil Marienthal, rund acht Stunden hat Selcuk Erdönmez dafür benötigt. Es ging ihm gut danach, weil er spürte, dass sein Körper solche Belastungen aushält. (…)
Selcuk Erdönmez (…), wird am 7. April über Frankfurt und Casablanca nach Ouarzazate fliegen. Von dort geht es per Bus neun Stunden in die Sahara, wo am 10. April die 31. Auflage eines Etappenlaufs startet, der in der Extremläuferszene als eine der härtesten Prüfungen anerkannt ist, der sich Menschen aussetzen können. Der „Marathon des Sables" wird mehr als 1000 Teilnehmer über sechs Etappen an sieben Tagen 257 Kilometer durch Marokkos Wüste führen. Erdönmez ist der einzige Norddeutsche, der an den Start gehen wird.
(…)
Warum sich Menschen freiwillig einer solchen Plackerei aussetzen? (…) Erdönmez wog, nachdem er nach dem Ende seiner Fußballkarriere dem Sport komplett abgeschworen hatte, 97 Kilo bei 1,73 Metern Körperlänge. Nach einem atemlosen Spaziergang um den Block beschloss er damals, im Folgejahr beim Hamburger Marathon zu starten.

Wer ihm heute zuhört, der kann verstehen, warum der Weg in die Wüste alternativlos erscheint. Erdönmez spricht mit tiefer Überzeugung von den Eigenschaften, die ihn durch die Grenzerfahrung tragen sollen: „Eine gute Grundkondition, Willensstärke, Abenteuerlust und Schmerzresistenz – das sind die Dinge, auf die ich mich verlassen kann", sagt er. (…)

Seine Vorbereitung klingt im Vergleich zu dem, was ihn erwartet, erstaunlich banal. 70 Kilometer sind sein wöchentliches Trainingspensum, der Lauf von Lübeck nach Hamburg war seine längste Strecke. Mit Ultraläufen hat er ebenso keine Erfahrung wie mit den klimatischen Bedingungen, seine zehn Marathons und vier Halbmarathons lief er ausnahmslos in Europa. (…)

Eine fast fünfstellige Summe und drei Wochen Jahresurlaub – zwei Wochen für die Reise, eine zum Erholen in Hamburg – opfert Selcuk Erdönmez für seinen Traum. 80 Prozent seines Freundeskreises finden sein Vorhaben toll, der Rest hält ihn für verrückt. Seine Ehefrau Elif steht voll hinter ihm, auch wenn sich in ihren Stolz eine große Portion Sorge mischt. „Ich kann nur hoffen, dass er gesund zurückkommt", sagt sie. Per Livetracking im Internet wird sie das Rennen verfolgen. (…)

Extrait de: http://www.abendblatt.de/sport/article207316921/Grenzerfahrung-in-der-Wueste-257-Kilometer-bei-45-Grad.html – von Björn Jensen – 29.03.2016

Comme votre correspondant/e français/e ne comprend pas tout, il/elle demande votre aide. Dans un mail, vous lui expliquez alors ce que vous avez appris sur Selcuk Erdönmez.

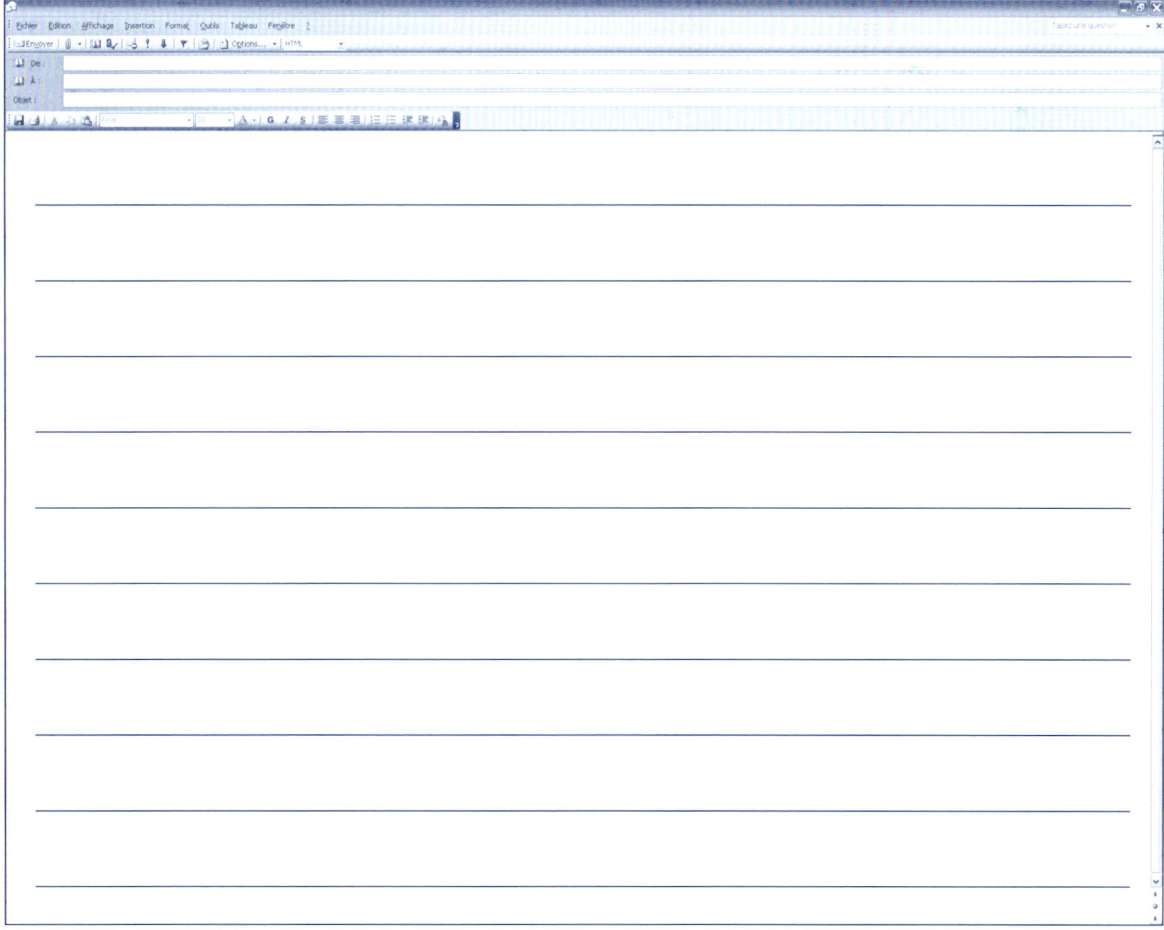

Klausur A

Compréhension écrite | Leseverstehen

S'engager comme bénévole

Vous êtes originaire d'un pays de l'Union européenne, et vous aimeriez passez entre deux et douze mois à l'étranger comme bénévole? Alors voici quelques expériences concrètes pour vous donner envie de partir …

5 Grâce au programme «Service Volontaire Européen» (SVE), les jeunes âgés de 17 à 30 ans peuvent aller travailler comme bénévole dans un autre pays de l'Union européenne (UE), mais aussi en dehors de l'UE. Pendant un SVE, les 10 jeunes travaillent entre 30 et 38 heures par semaine, jamais plus.

D'abord il s'agit de trouver un projet ou une institution qui cherche des bénévoles, et surtout, il faut choisir un domaine qui vous plaît, comme 15 par exemple, la culture, la protection de l'environnement ou encore le sport. Pour chaque domaine, vous trouverez un pays de l'UE qui propose une destination[1] intéressante. La plupart du temps, vous ne devez pas avoir de com-20 pétences particulières, et vous n'avez pas besoin de diplôme non plus.

L'Allemande Mia, 18 ans, est accro à la culture et elle a choisi de partir sur un chantier international près de Granada. Là, elle aidait à la prépara-25 tion d'évènements[2] culturels de la région. «Je voulais améliorer mon espagnol. Alors j'ai choisi de faire un SVE en Espagne. Ça a été une expérience enrichissante parce que j'ai rencontré des jeunes de mon âge qui venaient du monde 30 entier. Nous étions contents de travailler ensemble, et on parlait tout le temps espagnol. Alors j'ai fait beaucoup de progrès. L'Espagne est un pays magnifique, et j'ai envie de revenir le plus tôt possible.»

35 Victor qui vient de France voulait aussi pratiquer l'espagnol, mais il a préféré partir comme bénévole en Amérique du Sud: «J'avais envie de partir loin, et j'ai trouvé une association intéressante au Chili. Avec un animateur et d'autres 40 jeunes, je me suis occupé d'enfants en leur apprenant à lire, à jouer d'un instrument ou encore en les aidant à faire leurs devoirs. Travailler comme bénévole dans un pays étranger m'a beaucoup appris sur le monde, et sur moi-45 même. Je conseille cette expérience à tous les jeunes.»

Si vous préférez la nature à la culture, vous trouverez des associations intéressantes dans la plupart des pays de l'UE. En France, par 50 exemple, l'association «Volontaires pour la nature» propose des chantiers dans plusieurs régions françaises. Pendant ce SVE, les jeunes travaillent avec des spécialistes. Ensemble, ils aident à soigner les animaux, à préparer la 55 nourriture et à nettoyer les lieux. C'est ainsi que Paolo est parti dans un parc naturel près d'Aix-en-Provence: «C'est ça, l'Europe! On se retrouve ensemble et on s'engage pour un projet. Mais bon, pendant mon SVE, je devais me lever tôt. 60 C'était dur. Mais je trouve important de s'engager pour les animaux et de leur garantir un environnement le plus naturel possible. J'avais vraiment l'impression de faire un travail utile.»

Faire du bénévolat[3], c'est aussi une chance 65 pour mieux décider de votre avenir professionnel. Sophie a d'abord travaillé comme conceptrice de jeux vidéo à Strasbourg. Grâce au Programme Erasmus + Jeunesse et Sport, elle a fait un SVE pendant trois mois à Brême en tra-70 vaillant dans un musée. Elle y organisait des ateliers de dessin pour des jeunes et des adultes. «Ça a été un travail créatif que j'ai adoré, raconte-t-elle. Et surtout, le contact avec les gens m'a plu. Aujourd'hui, j'ai un nouvel em-75 ploi qui me permet de rencontrer beaucoup de monde. Je suis vraiment heureuse.»

---

1 la destination das (Reise-)Ziel – **2 l'évènement** *m.* das Ereignis – **3 le bénévolat** = *le travail de bénévole, l'engagement m. de bénévole*

1 **Lisez le texte et complétez les phrases suivantes.**

_____ / 33 P.
(33 x 1 P.)

1. Le texte parle de l'engagement comme bénévole des jeunes qui viennent de/d'

   _____ .

2. Ce bénévolat ne peut pas durer moins de _____ .

3. Les jeunes qui y participent doivent avoir entre _____ ans.

4. Les pays où les bénévoles du programme SVE peuvent travailler se trouvent:

   – _____

   – _____ .

   (Notez deux aspects différents.)

5. Les bénévoles n'ont pas le droit de travailler plus de _____ .

6. Selon le texte, avant de chercher un poste de bénévole, les jeunes doivent se demander _____

   _____ .

7. Même si les jeunes n'ont pas de diplôme, ils peuvent _____

   _____ .

8. Comme bénévole à Granada, Mia devait _____

   _____

   _____ .

9. Mia a choisi d'aller en Espagne parce qu'elle _____

   _____

10. Pour Mia, les points positifs de son bénévolat étaient:

    – _____

    – _____

    – _____ .

    (Notez trois aspects différents.)

11. Victor a choisi d'aller en Amérique du Sud parce qu'il …

    – _____

    – _____ .

    (Notez deux aspects différents.)

12. Pendant son travail de bénévole, Victor devait ...

    – _____

    – _____

    – _____ .

    (Notez trois aspects différents.)

13. Pour Victor, les points positifs de son bénévolat étaient:

    – _____

    – _____ .

    (Notez deux aspects différents.)

14. Les lieux où travaillent les bénévoles de «Volontaires pour la nature» se trouvent:

    – _____ .

15. Les tâches des bénévoles de «Volontaires pour la nature» sont:

    – _____

    – _____

    – _____ .

    (Notez trois aspects différents.)

16. Pendant son bénévolat, Paolo trouvait difficile de _____ .

17. D'après Paolo, son bénévolat était «un travail utile» (ligne 63) parce que / parce qu' ...

    – _____

    – _____ .

    (Notez deux aspects différents.)

18. Avant de s'engager comme bénévole, Sophie était _____ .

19. Le bénévolat de Sophie a duré _____ .

20. Sophie a fait son bénévolat dans la ville de _____ .

21. Comme bénévole, Sophie devait _____ .

22. Pendant son bénévolat, Sophie a aimé:

    – _____

    – _____ .

    (Notez deux aspects différents.)

2 Valentine et Dimitri au travail
Qu'est-ce qui est correct? Lisez les phrases et soulignez le mot ou
l'expression qui convient.

1. Valentine n'a pas connu **le chantier** / **le chômage** / **le traité**, elle a tout de suite trouvé un emploi après ses études.

2. **Ses compétences** / **Ses lieux** / **Ses citoyens** dans le numérique lui permettent de faire le métier de ses rêves: Valentine est conceptrice de jeux vidéo.

3. Son ami Dimitri préfère les langues, et il travaille maintenant comme **interprète** / **comité** / **lycéen** au Parlement européen.

4. Dimitri aime travailler avec des gens de nationalités différentes. Là, il se sent **à l'appareil** / **à l'aise** / **à l'heure**.

5. La plupart du temps, Dimitri **adopte** / **élit** / **traduit** des textes allemands en français.

6. Il travaille beaucoup, il a toujours du pain sur **la planche** / **la paix** / **la session**.

Grammaire | Grammatik

_____/4 P.

3 Le _gérondif_
Transformez les phrases. Utilisez le _gérondif_.

_____/2 P.
(4 × 0,5 P.)

1. Jules et Pierre discutent <u>quand ils travaillent</u>.

   _____

2. Léo leur parle <u>et il mange en même temps</u>.

   _____

3. Monsieur Galois écrit <u>quand il téléphone</u>.

   _____

4. Madame Galois, elle, écoute de la musique <u>quand elle écrit</u>.

   _____

4 Les pronoms relatifs
Complétez les phrases. Utilisez _dont_, _où_ **et** _qui/que/qu'_.

_____/2 P.
(4 × 0,5 P.)

1. Mila a des amis _____ habitent en Provence et _____ elle va retrouver cet été.

2. Avec eux, Mila va participer à un chantier de bénévoles. C'est un programme _____ lui a

   parlé son professeur d'histoire.

3. Mila et ses amis ne savent pas encore exactement _____ se trouve le chantier.

5 Voici une caricature¹ du caricaturiste² Rémy Molinari qui est parue en juin 2013.

1 **la caricature** die Karikatur
2 **le/la caricaturiste** der/die Karikaturenzeichner/in

a Décrivez la caricature de Rémy Molinari. 6 P.

_____

_____

_____

_____

_____

_____

_____

b Expliquez qui est représenté et dites pourquoi Molinari a choisi ces deux personnages. 6 P.

_____

_____

_____

_____

_____

_____

_____

c Quel est le message de cette caricature et quel effet a-t-elle sur vous? 6 P.

_____

_____

_____

_____

_____

_____

_____

d Imaginez la suite du dialogue entre ces deux personnages. 6 P.

_____

_____

_____

_____

_____

_____

_____

_____

_____

_____

_____

_____

_____

_____

Klausur B

Compréhension orale | Hörverstehen

🎧 **1**   Vous allez entendre une émission spéciale sur l'Europe.
Une journaliste demande à des jeunes français et allemands ce que représente
l'Union européenne pour eux.
Qui dit quoi? Écoutez les interviews et cochez les bonnes réponses.
Attention: Il y a deux avis en trop.

Quoi? Qui?	Liam	Greta	Nora	Maximilian
«L'Union européenne, c'est un projet qui va réussir si chaque pays d'Europe y participe. À mon avis, les jeunes doivent aussi s'engager pour garantir une Europe où tous peuvent vivre en liberté et égaux.»				
«Selon moi, les institutions européennes n'arrivent pas à trouver des solutions aux problèmes. Il suffit de voir la situation du chômage des jeunes, ou même celle de la protection de l'environnement.»				
«Pour moi, l'Europe représente surtout un continent sans frontières, où chaque habitant peut vivre, faire des études et travailler dans un autre pays de l'Union européenne.»				
«Moi, je ne m'identifie pas à l'Europe, mais plutôt à mon propre pays. L'Europe ne m'apporte pas grand-chose.»				
«Pour moi, le plus important, c'est la réconciliation des pays européens après la Seconde Guerre mondiale.»				
«À mon avis, les jeunes devraient s'engager plus pour leur propre pays, comme ça ils trouveront des solutions aux problèmes des gens, comme le chômage ou la protection de la nature.»				

2   **Dans le monde du travail**
Trouvez un mot de la même famille. Notez l'article défini pour les noms.

1. l'économie *f.* _____

2. le/la responsable _____

3. le contact _____

4. représenter qn/qc _____

5. le contrôle _____

6. protéger qn/qc _____

7. l'employeur / l'employeuse *m./f.* _____

8. l'habitude *f.* _____

9. la réunion _____

10. le traducteur / la traductrice _____

3   **Le pronom relatif** *lequel*   ____/5 P.
Complétez par une préposition et la bonne forme du pronom relatif *lequel*.

1. La protection de l'environnement est une chose _____ Thomas

   et ses amis s'engagent.

2. Dans leur lycée, ils organisent chaque année des réunions sur

   l'environnement _____

   beaucoup de jeunes participent.

3. Ce sont des réunions _____

   les jeunes défendent leurs idées et leurs projets.

4. Cette année, Thomas et ses amis ont présenté un projet _____

   ils veulent sauver un vestige du Moyen-Âge en Provence.

5. Les professeurs _____ Thomas et ses amis ont demandé leur

   aide ont tous été d'accord.

4 Les pronoms démonstratifs
Complétez. Utilisez les pronoms démonstratifs.

_____ / 3 P.
(6 x 0,5 P.)

Nolan: Gabriel, je vais participer à un chantier de bénévoles cet été.

Gabriel: C'est _____ dont je t'ai parlé hier?

Nolan: Tu veux dire _____ en Espagne? Non,

je vais partir en Provence avec mes deux cousins.

Gabriel: _____ qui sont venus chez toi l'été

dernier?

Nolan: Oui, exactement! Cette année, nous voulons faire des activités utiles pendant les vacances.

Gabriel: Comme _____ qui permettent de protéger l'environnement?

Nolan: Oui, ce sont _____ que je préfère. Et nous voulons aussi découvrir la

Provence. Tu connais des lieux intéressants?

Gabriel: Malheureusement non! Je connais surtout _____ de la Bretagne.

Si ça te dit, on pourrait y aller ensemble l'année prochaine.

Nolan: Oui, c'est une super idée!

Médiation | Sprachmittlung

_____ / 24 P.

5 Vous participez au projet «Jugend für Europa». Sur Internet, vous avez trouvé l'information
suivante:

> **Parlons peu, mais parlons JADE**
>
> Le **PEJ** France et le Réseau Français des Étudiants pour le Développement Durable (**REFEDD**) ont le plaisir de vous annoncer que la Commission JADE ouvre enfin ses portes pour la deuxième année consécutive!
> (…)
>
> 5   **JADE**, ou Jeunes Adultes Débattent sur l'Europe, est un projet qui consiste à regrouper des jeunes adultes d'horizons divers et variés à travers la France afin de réfléchir, débattre et trouver des solutions sur des problèmes sociaux, économiques et politiques qui touchent notre société actuelle sur des thématiques bien précises.
>
> Pour ce faire, des commissions composées de 15 jeunes, accompagnées d'un animateur, se regrou-
> 10 peront un week-end par mois durant sept mois afin de trouver des solutions aux problèmes identi-fiés autour de leur thématique. Toutes les commissions auront aussi l'occasion de se retrouver quelque part en France (surprise) à deux reprises. Une première fois lors de l'évènement de mi-par-cours, où ils auront la possibilité d'échanger et de débattre sur le travail effectué des différentes
> 15 commissions. Ainsi qu'une deuxième fois lors de l'évènement de restitution où chaque commission présentera les résolutions finales qu'elle aura identifiées.

«Ça m'a l'air cool tout ça, mais concrètement, ça va m'apporter quoi?»

Les objectifs derrière JADE sont multiples. L'idée, c'est de pouvoir à la fois se plonger dans un sujet jusqu'à acquérir une expertise sur la thématique que vous allez étudier et

5 tous les mécanismes qui l'entourent, tout en apprenant à échanger, collaborer et travailler en groupe.

JADE, c'est aussi un moyen de rencontrer des nouvelles personnes, des jeunes professionnels, étudiants ou encore des experts et acteurs de la thématique abordée.

10 (…)

JADE, c'est donc aussi un engagement citoyen et c'est précisément ce que le PEJ et le REFEDD cherchent à promouvoir.

Le PEJ est présent dans 39 pays européens. Depuis 1994, son objectif est de sensibiliser les jeunes de 16 à 25 ans aux questions d'actualité européenne et à les encourager à devenir des citoyens

15 européens actifs.

Le REFEDD, quant à lui, est un réseau d'associations étudiantes qui mènent des projets sur le développement durable tel que l'alimentation, la biodiversité, le climat, les déchets, etc.

Convaincu/e? (…) N'importe qui peut participer, les seules compétences requises sont votre motivation et votre bonne humeur.

20 (…)

Extrait de: http://www.pejfrance.org/parlons-peu-mais-parlons-jade/ © 2013 Parlement Européen des Jeunes, France

Vous voulez présenter ce document avec d'autres élèves de votre classe. Mais ceux-ci ne comprennent pas tous le français. Donnez-leur alors en allemand les informations principales.

Klausur A

_____ / 82 P.

Compréhension écrite | Leseverstehen

1 Pendant ses voyages professionnels en Afrique, Alain, un recruteur français, observe les jeunes qui jouent au football. Quand il reconnaît des joueurs talentueux, il convainc leurs parents de les envoyer en France. Le rêve d'une belle carrière professionnelle commence …
C'est exactement l'expérience que Dahirou a vécue – jusqu'à son accident. Voici son histoire.

5 Du Cameroun à la France: ma carrière de footballeur

Je m'appelle Dahirou Antagana. Je suis un jeune Camerounais de 18 ans qui a grandi dans la banlieue de Douala.

À 16 ans je suis arrivé pour la première fois en France avec l'aide d'Alain. Là, j'ai rencontré d'autres jeunes qu'Alain avait
10 aussi remarqués en Afrique. Tous jouaient au foot depuis leur plus jeune âge, et ils rêvaient de rester en France pour devenir une nouvelle star du foot. À notre arrivée en France, nous avions un visa touristique de trois semaines seulement. Nous habitions dans une sorte d'auberge de jeunesse qui se trouvait juste à côté de notre centre de formation.

15 Pour moi, une chose était nouvelle au début de cette formation: je devais m'habituer à la discipline[1]. Le matin, je devais me lever tôt pour participer aux cours. L'après-midi, je m'entraînais avec les autres. Chaque jour, il fallait être à l'heure, et surtout, trouver un bon équilibre entre apprendre, faire ses devoirs, et jouer au foot.

Au début, c'était vraiment dur. Mon français n'était pas génial, je ne comprenais pas toujours
20 ce que les profs expliquaient en cours. Heureusement, mes efforts donnaient des résultats. Après quelques semaines, je faisais des progrès et j'avais des meilleures notes. Cette année, je vais passer mon bac au mois de juin.

Au foot, je ne décevais pas mon recruteur, et je convainquais vite mes entraîneurs. Mon jeu rapide impressionnait tout le monde, et je marquais souvent des buts. Après six mois
25 d'entraînement, je jouais dans la meilleure équipe de mon club. Et surtout, j'avais un visa pour un an. Mon équipe et moi, nous participions régulièrement à des tournois dans toute la France. Plusieurs clubs de foot s'intéressaient alors à moi. Je rêvais déjà d'une sélection dans une équipe professionnelle. Et puis, ça a été la catastrophe! Je suis tombé violemment pendant un entraînement. Ma jambe était blessée, elle était peut-être cassée …

30 Après cet accident, un tas de choses sont devenues difficiles. Je ne pouvais plus courir. Personne n'a besoin d'un joueur blessé! Heureusement, Alain croyait toujours à mon talent. Il me faisait confiance, et il s'engageait pour moi. Il m'a alors emmené voir un médecin sportif.

Aujourd'hui, je refais quelques exercices: je marche, et je cours seul tous les jours. Je me
35 prépare le mieux possible pour recommencer ma carrière de footballeur. En effet, je veux tout faire pour que mon rêve devienne réalité.

1 **la discipline** die Disziplin

1 Vrai ou faux? Cochez les bonnes réponses et justifiez-les à l'aide du texte.

_____ / 32 P.
(16 x 2 P.)

1. Alain est un entraîneur qui a découvert le talent de Dahirou par hasard.
   a ☐ vrai   **b** ☐ faux

   Justification: _____

2. Dahirou a passé son enfance en Afrique.
   a ☐ vrai   **b** ☐ faux

   Justification: _____

3. Quand il part en France avec Alain, Dahirou a 16 ans.
   a ☐ vrai   **b** ☐ faux

   Justification: _____

4. Les autres joueurs africains qui arrivent en France avec Alain sont d'anciens amis de Dahirou.
   a ☐ vrai   **b** ☐ faux

   Justification: _____

5. Les joueurs qui sont en France avec Alain rêvent de jouer professionnellement en Afrique un jour.
   a ☐ vrai   **b** ☐ faux

   Justification: _____

6. Quand il vient en France pour la première fois, Dahirou a un visa limité.
   a ☐ vrai   **b** ☐ faux

   Justification: _____

7. Pendant son séjour en France, Dahirou habite dans une famille d'accueil.
   a ☐ vrai   **b** ☐ faux

   Justification: _____

8. Dahirou organise ses journées comme il veut.
   a ☐ vrai   **b** ☐ faux

   Justification: _____

9. Dahirou s'entraîne au foot tous les jours.
   a ☐ vrai   **b** ☐ faux

   Justification: _____

10. Quand il commence sa formation, Dahirou a des difficultés en cours à cause du français.
    a ☐ vrai   **b** ☐ faux

    Justification: _____

11. Dahirou veut arrêter l'école avant le bac.
   a ☐ vrai   b ☐ faux

   Justification: _____

12. Dahirou a du succès quand il joue au football.
   a ☐ vrai   b ☐ faux

   Justification: _____

13. Dans l'équipe de foot, Dahirou joue comme gardien de but.
   a ☐ vrai   b ☐ faux

   Justification: _____

14. Malgré son accident, Dahirou ne perd pas la confiance d'Alain.
   a ☐ vrai   b ☐ faux

   Justification: _____

15. Dahirou recommence à s'entraîner avec son équipe.
   a ☐ vrai   b ☐ faux

   Justification: _____

16. Dahirou a abandonné son rêve de devenir footballeur professionnel.
   a ☐ vrai   b ☐ faux

   Justification: _____

Vocabulaire | Wortschatz   _____/12 P.

2   Les antonymes et les synonymes

a Trouvez le contraire des expressions et mots suivants.   _____/6 P.

   1. il fait jour _____

   2. impopulaire _____

   3. long/longue _____

   4. humide_____

   5. s'asseoir _____

   6. mettre fin à qc _____

b Trouvez un mot ou une expression qui veut dire la même chose.

____ / 6 P.

1. lorsque _____

2. même si _____

3. tout de suite _____

4. c'est-à-dire (que) _____

5. conclure qc _____

6. pratiquer qc _____

Grammaire | Grammatik

____ /14 P.

3 Les conjonctions suivies du *subjonctif*
Complétez les phrases avec la bonne conjonction et la bonne forme
du verbe au *subjonctif*.

____ / 6 P.
(12 x 0,5 P.)

pour que	avant que	bien que	sans que	jusqu'à ce que	pourvu que

1. _____ Félix _____ (*être*) vraiment adulte, il faut qu'il pratique le

rite de passsage à l'âge adulte.

2. _____ Félix _____ (*devoir*) aider sa tante, il trouve du temps

pour se balader avec ses amis et ses cousins.

3. Félix est né un mercredi. Le mercredi, c'est le jour où un

Béti doit penser aux autres. C'est la raison pour laquelle

Félix sort avec ses cousins _____

ses cousins _____ (*payer*) leur limonade

ou leur coca. C'est toujours Félix qui les invite.

4. _____ Félix _____ (*pouvoir*) faire de la recherche sur les

maladies tropicales, il doit faire des études de médecine.

5. Félix va alors rester en France _____ il _____ (*finir*) ses

études de médecine.

6. _____ tout _____ (*se passer*) bien là-bas pour Félix!

4　Le *passif*
Traduisez les phrases suivantes en français.

1. In Kamerun werden mehrere Sprachen gesprochen.

_____

2. Ein traditionelles Gericht aus Kamerun wird mit Kochbananen zubereitet.

_____

3. Abends werden Geschichten bei den Familien in Kamerun erzählt.

_____

5　L'accord du participe passé après *avoir*
Complétez les phrases. Utilisez le participe passé des verbes entre parenthèses. Attention à l'accord!

De : Marcel
Objet : Bonjour du Cameroun!

Salut Marcel,

Ça va? Mes vacances au Cameroun se passent bien même s'il fait toujours trop chaud.

Est-ce que tu as _____ (recevoir) ma carte de Douala que je t'ai _____

(envoyer) la semaine dernière? Hier, mon cousin Kenjo et son ami Youssou m'ont

_____ (emmener) voir l'équipe nationale de football camerounaise, les Lions

Indomptables. J'ai _____ (adorer). Emma, la sœur de Youssou nous a

_____ (accompagner). Son amie Lila voulait venir avec nous. Mais elle est arrivée

en retard alors nous ne l'avons pas _____ (attendre). D'abord, nous avons

_____ (acheter) des boissons. C'est Emma qui les a _____ (payer).

Elle est sympa, Emma. C'est la première fois que je l'ai _____ (rencontrer), et je

l'ai _____ (trouver) très cool.

Et chez toi? Comment est-ce que tes vacances se passent? Écris-moi vite.

à+!

Paul

6   La passion du football au Cameroun

> Un jour, je jouerai dans un club de foot en France et je serai célèbre …

a Décrivez la photo.   6 P.

_____

_____

_____

_____

_____

_____

_____

_____

_____

_____

_____

_____

b Dégagez son message et introduisez vos connaissances sur la situation au Cameroun.   8 P.

_____

_____

_____

_____

_____

_____

_____

_____

_____

_____

_____

_____

c Le soir, un de ces jeunes écrit dans son journal. Il rêve de devenir un footballeur professionnel en Europe. Mettez-vous à la place de ce jeune et imaginez ce qu'il écrit dans son journal:
   – son rêve de devenir un footballeur professionnel,
   – les doutes de ses parents,
   – ses discussions avec ses parents.   10 P.

_____

_____

_____

_____

_____

_____

_____

_____

_____

_____

Klausur B

Compréhension orale | Hörverstehen

1 Voici une interview avec le joueur de football Koffi Mukete.
Écoutez l'interview et cochez les bonnes réponses ou complétez.

1. Koffi Mukete est le nouvel espoir du football français qui va jouer à …
   a ☐ Lyon. b ☐ Marseille. c ☐ Montpellier.

2. Quand il était jeune, Koffi a été formé dans un club à …
   a ☐ Lyon. b ☐ Marseille. c ☐ Montpellier.

3. Koffi a _____ ans au moment de l'interview.

4. Voici la fiche d'identité de Koffi.

   – Nationalité de son père: _____

   – Nationalité de sa mère: _____

   – Nombre d'enfants dans sa famille: _____

   – Son âge quand il part en France: _____ ans.

5. Qui est venu en France avec Koffi?
   a ☐ toute la famille
   b ☐ seulement Koffi et ses parents
   c ☐ Koffi, son père et ses frères et sœurs

6. La famille s'est installée à Lyon parce que …
   a ☐ le père de Koffi va y travailler.
   b ☐ le cousin de son père y habitait.
   c ☐ Koffi a commencé à y faire de l'athlétisme.

7. Le sport qui a d'abord attiré Koffi quand il était un enfant, c'était _____ .

8. D'après Koffi, son point fort, c'est …
   a ☐ son esprit d'équipe.
   b ☐ son jeu intelligent.
   c ☐ la vitesse.

9. Koffi a décidé d'entrer dans un club de foot après une discussion …
   a ☐ avec un professeur de son collège.
   b ☐ avec un footballeur professionnel.
   c ☐ avec son père.

10. Au lycée, Koffi …
   a ☐ a eu un enseignement spécial.
   b ☐ a eu le même enseignement que tous les élèves.
   c ☐ a seulement eu des cours d'EPS.

2 **Paraphraser des mots**
Expliquez en français ...

a ... les mots suivants. ____/5 P.

1. la ligne de chemin de fer _____

_____

2. le protecteur / la protectrice _____

_____

3. le vieillard _____

_____

4. le trophée _____

_____

5. le médecin _____

_____

b ... les expressions suivantes. ____/5 P.

1. se réaliser _____

_____

2. être sourd/e _____

_____

3. avoir du talent _____

_____

4. se nourrir de qc _____

_____

5. aller aux quatre coins du monde _____

_____

3 La place des pronoms dans la phrase
Complétez. Utilisez deux pronoms dans chaque réponse. ____ /5 P.

1. **Akem et Issa:** Pardon Madame! Pouvez-vous nous expliquer le

chemin pour aller au quartier de Bepanda?

La dame: Oui, je _____.

Je connais bien Douala.

2. **Alice:** Mia, quand est-ce que tu vas me préparer le plat camerounais dont tu m'as parlé?

Mia: Je _____ quand nous

serons en vacances.

Alice: Mais est-ce que tu peux déjà me montrer la recette?

Mia: Oui, je _____.

3. **Marius:** Noé, tu m'écriras des mails quand tu seras au Cameroun?

Noé: Oui, je _____

_____.

Marius: Et tu m'enverras aussi les photos de tes cousins?

Noé: Oui, je _____.

4 *Indicatif* **ou** *subjonctif*
Complétez les phrases avec le bon mode au présent. ____ /3 P.
(6 x 0,5 P.)

1. Félix veut faire des études qui lui _____ (*plaire*).

2. Il pense que les études de médecine _____ (*être*) idéales pour son avenir

professionnel.

3. Les parents de Félix regrettent que leur fils _____ (*devoir*) partir en France pour

étudier.

4. Ils trouvent dommage que Félix _____ (*vivre*) loin d'eux à l'étranger.

5. Ils espèrent qu'il _____ (*pouvoir*) rapidement terminer ses études en France.

6. Mais d'abord, il faut que Félix _____ (*réussir*) son baccalauréat au Cameroun.

5 Votre ami/e français/e, qui aime bien le football, voudrait s'engager dans une association, mais il/elle ne sait pas dans laquelle et vous demande votre avis. Vous lisez alors l'article «Menschenhandel im europäischen Fußball?».

Menschenhandel im europäischen Fußball?

Die afrikanischen Fußballstars Eto'o und Drogba sind Vorbilder für viele junge Afrikaner (…), die Profifußballer werden und damit ihrer Armut entfliehen wollen. Doch leider sind die Erfolgsgeschichten die Ausnahme: Angelockt von scheinbar lukrativen Angeboten, die ihnen skrupellos Spieler-Händler machen, endet so mancher junge Fußballer aus Übersee in unbedeutenden Klubs (…).

Geld, Erfolg und Ruhm: Das ist die sichtbare Seite des Fußballgeschäfts. Für viele junge Spieler aus Afrika (…) verheißt der europäische Fußball den Weg in ein neues Leben, weit weg von der Armut.

Diese Hoffnung nutzen einige skrupellose Agenten aus und bieten den oft mittellosen Familien junger Fußballtalente an, die Reisekosten nach Europa zu übernehmen. (…)

In Europa angekommen, trainieren die afrikanischen (…) Jugendlichen in meist kleinen Vereinen. Wenn sie es nicht schaffen, einen Vertrag an Land zu ziehen, verlieren sie häufig ihr Visum, ihr Geld und schließlich ihre Agenten. Fern vom Leben eines gefeierten Fußballstars, finden sie sich unter Umständen komplett auf sich selbst gestellt wieder. So fasste es der ehemalige Profifußballer Jean-Claude Mbvoumin aus Kamerun in einer Anhörung zum Thema „Sport und Bildung" im Europa-Parlament das Problem zusammen. Mbvoumin engagiert sich für solche Jugendliche im Rahmen der Nichtregierungsorganisation „Culture Foot Solidaire".

Gut organisierter „Menschenhandel"

Als „Menschenhandel" bezeichnete Mbvoumin diese Praxis. Junge Afrikaner seien ökonomisch betrachtet die billigsten Nachwuchsspieler (…). Die Klubs würden sie kaufen, um sie später weiterzukaufen. Einige Vereine verpflichteten sehr junge Spieler nur um sie zu testen. Wenn sie nach einigen Jahren Training in kleineren Klubs nicht ein außergewöhnliches Talent bewiesen hätten, würden ihre Verträge nicht erneuert.

Viele wollen trotzdem nicht zurück in ihre Heimat, fühlen sich als Verlierer. (…) Frankreich sei die „erste Adresse für afrikanische Spieler", so Mbvoumin. „Während der Saison 2005–2006 waren 48 Prozent in der französischen Liga Ausländer. Das Durchschnittsalter lag bei 18,6 Jahren." (…)

Gemeinsam gegen Menschenhandel

In der Anhörung forderte Jean-Claude Mbvoumin das EU-Parlament dazu auf, die Bildung einer „Charta der Solidarität im Fußball" und die Gründung von Informationszentren in Afrika zu unterstützen (…).

Ein weiterer Vorschlag kommt von Guy Bono: Die Fußball-Klubs sollten sich dafür einsetzen, dass Sportler aus Entwicklungsländern nach einer Probezeit in Europa wieder in ihre Heimat reisen können. (…)

Extrait de: http://www.europarl.europa.eu/sides/getDoc.do?pubRef=-//EP//TEXT+IM-PRESS+20070309STO03964+0+DOC+XML+V0//DE © 2007 – Das Europäische Parlament

Faites la médiation de cet article pour votre ami/e français/e sous forme de mail.

Qu'est-ce que vous dites? Dossier A Être jeune: entre rêves et réalité

Sie sprechen über das Äußere einer Figur. ▶ Méthodes et stratégies, p. 148/21

1. Sagen Sie, dass die Figur groß und stark ist.	1. Le personnage est grand et fort.
2. Sagen Sie, dass die Figur blaue Augen hat.	2. Le personnage a les yeux bleus.
3. Sagen Sie, dass die Figur schwarze Haare hat.	3. Le personnage a les cheveux noirs.
4. Sagen Sie, dass die Figur einem berühmten Schauspieler ähnelt.	4. Le personnage ressemble à un acteur célèbre.
5. Sagen Sie, dass die Figur traurig aussieht.	5. Le personnage a l'air triste.
6. Sagen Sie, dass die Figur einen modernen Look hat.	6. Le personnage a un look moderne.
7. Sagen Sie, dass die Figur immer eine Hose und ein T-Shirt trägt.	7. Le personnage porte toujours un pantalon et un tee-shirt.

Sie sprechen über die persönlichen Beziehungen einer Figur. ▶ Méthodes et stratégies, p. 148/21

1. Sagen Sie, dass man über die Familie der Hauptfigur nichts erfährt.	1. On n'apprend rien sur la famille du personnage principal.
2. Sagen Sie, dass die Figur mit ihrer Familie in einem Pariser Vorort lebt.	2. Le personnage vit avec sa famille en banlieue parisienne.
3. Sagen Sie, dass die Figur Geschwister hat.	3. Le personnage a des frères et sœurs.
4. Sagen Sie, dass die Figur sich gut mit ihren Eltern versteht.	4. Le personnage s'entend bien avec ses parents.
5. Sagen Sie, dass die Eltern der Figur getrennt sind.	5. Les parents du personnage sont séparés.
6. Sagen Sie, dass die Figur ein Einzelkind ist.	6. Le personnage est fils unique. / Le personnage est fille unique.

Sie sprechen über das Verhalten und den Charakter einer Figur. ▶ Méthodes et stratégies, p. 148/21

1. Sagen Sie, dass die Figur seltsam handelt.	1. Le personnage agit de manière bizarre. / Le personnage agit bizarrement.
2. Sagen Sie, dass die Figur einen schlechten Charakter besitzt.	2. Le personnage a mauvais caractère.
3. Sagen Sie, dass die Figur sich gegen die Gewalt empört.	3. Le personnage s'indigne contre la violence.
4. Sagen Sie, dass die Figur egoistisch ist.	4. Le personnage est égoïste.
5. Sagen Sie, dass die Figur mutig ist und gegen die Arbeitslosigkeit kämpft.	5. Le personnage est courageux et lutte contre le chômage.
6. Sagen Sie, dass daraus folgt, dass die Figur etwas aus sich machen wird.	6. Cela montre que le personnage va s'en sortir. / Cela montre que le personnage s'en sortira.

1. Sagen Sie, dass die Szene aus dem Film „Paris à tout prix" stammt.	1. La scène est tirée du film «Paris à tout prix».
2. Sagen Sie, dass die Szene in einem Taxi in Marokko spielt.	2. La scène se passe dans un taxi au Maroc.
3. Sagen Sie, dass es sich um ein Drama handelt.	3. Il s'agit d'un drame.
4. Sagen Sie, dass es aber auch lustige Szenen gibt.	4. Mais il y a aussi des scènes drôles.
5. Sagen Sie, dass die Hauptfigur zum ersten Mal nach Marokko reist.	5. Le personnage principal voyage pour la première fois au Maroc.
6. Sagen Sie, dass die Totalaufnahme die Landschaft Marokkos zeigt.	6. Le plan d'ensemble montre le paysage du Maroc.

1. Sagen Sie, dass die halbnahe Kameraeinstellung einen Dialog zwischen den beiden Hautpfiguren zeigt.	1. Le plan moyen montre un dialogue entre les deux personnages principaux.
2. Sagen Sie, dass die Nahaufnahme erlaubt, die Emotionen auf dem Gesicht der Hauptfigur zu sehen.	2. Le gros plan permet de voir les émotions sur le visage du personnage principal.
3. Sagen Sie, dass man sich durch die Nahaufnahme besser mit der Figur identifiziert.	3. Avec le gros plan, on s'identifie mieux au personnage.
4. Sagen Sie, dass die Musik eine traurige Stimmung schafft.	4. La musique crée une atmosphère triste.
5. Sagen Sie, dass die Szene dank der (Hintergrund)Geräusche realistisch wirkt.	5. Grâce aux bruitages, la scène est réaliste.
6. Sagen Sie, dass das Schweigen zwischen der Hauptfigur und ihrem Vater den Konflikt zwischen ihnen zeigt.	6. Le silence entre le personnage principal et son père montre le conflit entre eux.

Sie sprechen über eine Karikatur.   ▶ Méthodes et stratégies, p. 154/27

1. Sagen Sie, dass das Dokument eine schwarz-weiße Karikatur ist.	1. Ce document est une caricature en noir et blanc.
2. Sagen Sie, dass der Titel der Karikatur „Von höherer Warte aus betrachtet" lautet.	2. Le titre de la caricature est «Von höherer Warte aus betrachtet».
3. Sagen Sie, dass Fritz Behrendt der Autor der Karikatur ist.	3. La caricature est de Fritz Behrendt. / Fritz Behrendt est l'auteur de la caricature.
4. Sagen Sie, dass die Karikatur 1962 erschienen ist.	4. La caricature est parue en 1962.
5. Sagen Sie, dass die deutsch-französischen Beziehungen das Thema der Karikatur sind.	5. Les relations franco-allemandes sont le sujet de la caricature.

Sie analysieren eine Karikatur.   ▶ Méthodes et stratégies, p. 154/27

1. Sagen Sie, dass man im Vordergrund zwei Männer sieht.	1. Au premier plan, on voit deux hommes.
2. Sagen Sie, dass die beiden Männer im Zentrum der Karikatur stehen.	2. Les deux hommes se trouvent au centre de la caricature. / Les deux hommes sont au centre de la caricature.
3. Sagen Sie, dass es sich um den französischen Präsidenten und den deutschen Kanzler handelt.	3. Il s'agit du président français et du chancelier allemand.
4. Sagen Sie, dass man auf der Karikatur Charles de Gaulle und Konrad Adenauer wieder erkennt.	4. Sur la caricature, on reconnaît Charles de Gaulle et Konrad Adenauer.
5. Sagen Sie, dass sich die beiden Männer die Hand geben.	5. Les deux hommes se donnent la main.
6. Sagen Sie, dass man im Hintergrund eine Kathedrale sieht.	6. À l'arrière-plan, on voit une cathédrale.
7. Sagen Sie, dass es sich vielleicht um die Kathedrale von Reims handelt, in welcher sich de Gaulle und Adenauer 1962 getroffen haben.	7. Il s'agit peut-être de la cathédrale de Reims dans laquelle de Gaulle et Adenauer se sont rencontrés en 1962.
8. Sagen Sie, dass die Karikatur die deutsch-französische Versöhnung symbolisiert.	8. La caricature symbolise la réconciliation franco-allemande.
9. Sagen Sie, dass die deutsch-französische Versöhnung zum Élysée-Vertrag von 1963 geführt hat.	9. La réconciliation franco-allemande a conduit au traité de l'Élysée de 1963.

Qu'est-ce que vous dites? Dossier D Destination le Cameroun

► Méthodes et stratégies, p. 157/30

Beim Sprachmitteln ins Französische erklären Sie deutsche Wörter mithilfe eines Relativsatzes.

1. Erklären Sie das Wort „Gastgeber" mithilfe eines Relativsatzes.	1. C'est la personne qui invite des gens chez elle. / C'est la personne qui reçoit des gens chez elle.
2. Erklären Sie das Wort „Unterschlupf" mithilfe eines Relativsatzes.	2. C'est un endroit où on peut dormir quand on n'a pas de maison.
3. Erklären Sie das Wort „Nachthemd" mit mithilfe eines Relativsatzes.	3. C'est un vêtement qu'on porte la nuit.
4. Erklären Sie das Wort „Fahrradweg" mit mithilfe eines Relativsatzes.	4. C'est une rue où on fait du vélo. / C'est une route où on fait du vélo.

Beim Sprachmitteln ins Französische erklären Sie deutsche Wörter mit *pour* + Infinitiv.
► Méthodes et stratégies, p. 157/30

1. Erklären Sie das Wort „Nachthemd" mit *pour* + Infinitiv.	1. C'est un vêtement pour dormir.
2. Erklären Sie das Wort „Unterschlupf" mit *pour* + Infinitiv.	2. C'est un endroit pour dormir quand on n'a pas de maison.
3. Erklären Sie das Wort „Fahrradweg" mit *pour* + Infinitiv.	3. C'est une rue pour faire du vélo. / C'est une route pour faire du vélo.

Beim Sprachmitteln ins Französische erklären Sie deutsche Wörter mit einem Wort aus der gleichen Familie.
► Méthodes et stratégies, p. 157/30

1. Erklären Sie das Wort „Bananenstaude" mit einem Wort aus der gleichen Familie.	1. C'est un arbre dont le fruit est la banane.
2. Erklären Sie das Wort „Müdigkeit" mit einem Wort aus der gleichen Familie.	2. C'est quand on est fatigué.
3. Erklären Sie das Wort „Versprechung" mit einem Wort aus der gleichen Familie.	3. C'est ce qu'on peut promet.

Beim Sprachmitteln ins Französische erklären Sie deutsche Wörter mit Hilfe von Beispielen.
► Méthodes et stratégies, p. 157/30

1. Erklären Sie das Wort „Hochgeschwindigkeitszug" mit Hilfe von Beispielen.	1. C'est un train qui va très vite comme par exemple le TGV en France.
2. Erklären Sie das Wort „Auszeichnung" mit Hilfe von Beispielen.	2. C'est une médaille ou un trophée pour récompenser quelqu'un.

BARÈMES | Punktetabelle

	Punkte	Note 1	Note 2	Note 3	Note 4	Note 5	Note 6	Meine Note
Dossier A Klausur A	93	93–84	83–74	73–65	64–56	55–47	46–0	
Dossier A Klausur B	89	89–80	79–71	70–62	61–53	52–45	44–0	
Dossier B Klausur A	66	66–59	58–53	52–46	45–40	39–33	32–0	
Dossier B Klausur B	72	72–65	64–58	57–50	49–43	42–34	33–0	
Dossier C Klausur A	67	67–60	59–54	53–47	46–41	40–33	32–0	
Dossier C Klausur B	72	72–65	64–58	57–50	49–43	42–34	33–0	
Dossier D Klausur A	82	82–74	73–66	65–57	56–49	48–41	40–0	
Dossier D Klausur B	77	77–69	68–62	61–54	53–46	45–39	38–0	

Notizen